incroyables océans

CAR ACT ÈRE

Les océans nous surprendront toujours. Ils abritent une variété prodigieuse de plantes, d'animaux et d'habitats.

Ce livre présente des baleines qui exécutent des sauts spectaculaires, des tortues empilées les unes sur les autres et des murènes qui essaient de passer inaperçues. On y trouve une foule de renseignements fascinants sur les étoiles de mer, les méduses et les requins, ainsi que sur d'autres organismes sous-marins qui n'ont rien à voir avec les poissons !

Les photos qui suivent ont été choisies en raison de leur dynamisme et de leur caractère émouvant ou amusant. Elles nous convient à un merveilleux voyage au fond des océans rempli de découvertes toutes plus surprenantes les unes que les autres.

Il suffit de tourner la page pour entreprendre cette expédition autour du monde et pour se renseigner sur la vie marine d'un point de vue tout à fait nouveau.

Fakarava est une île de l'archipel des Tuamotu, rattaché à la Polynésie française et situé dans l'océan Pacifique. C'est la plus importante chaîne d'atolls du monde. (Les atolls sont des bancs de sable qui se forment sur des récifs coralliens.) Grâce à ces magnifiques récifs, qui foisonnent d'organismes en tous genres, les îles Tuamotu constituent l'un des sites d'expéditions sous-marines les plus pittoresques de la planète. Les visiteurs peuvent y observer de nombreuses espèces animales, par exemple le martin-pêcheur, la squille, le barracuda et le requin-tigre commun. L'île de Fakarava fait partie d'une biosphère que l'UNESCO a classée comme réserve pour en protéger le fragile écosystème et y favoriser une relation équilibrée entre les êtres humains et le monde qui les entoure.

un travail d'équipe

Les dauphins à gros nez travaillent souvent en équipe lorsqu'ils cherchent des bancs de poissons. Chacun d'eux émet un sifflement (ou couinement) différent de celui des autres, ce qui facilite la communication de ces mammifères entre eux. Le comportement amical et la curiosité des dauphins envers les humains sont bien connus. Il leur arrive de coopérer avec des pêcheurs en poussant les poissons vers leurs filets. Ensuite, ils mangent ceux qui n'ont pas été attrapés. Ça, c'est un vrai travail d'équipe !

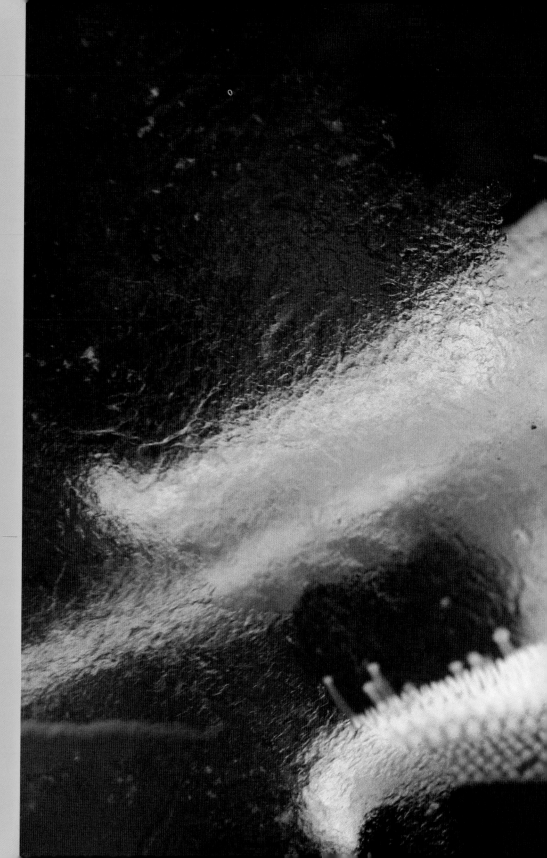

Une friandise glacée pour étoiles de mer

Cette étoile de mer, appelée aussi astérie, dévore un buisson d'éponge recouvert de glace. Il existe plus de 2 000 espèces d'étoiles de mer. On en trouve dans tous les climats, des plus chauds aux plus froids. La plupart d'entre elles ont une propriété étonnante, celle d'avaler leur nourriture en dehors de leur corps. Leur estomac sort de leur bouche, enveloppe leur proie et retourne avec elle à l'intérieur de leur corps. Voilà une méthode bien compliquée de prendre une collation !

Dragon de mer feuillu ou algue?

On trouve les dragons de mer feuillus dans les herbiers et les prairies de graminées marines ou de varech. De toute évidence, c'est un camouflage parfait pour eux! Leur corps est entouré de membranes aussi fines que des feuilles qui ressemblent à s'y méprendre à leur habitat. Leur nez, long et tubulaire, leur donne l'apparence de minuscules dragons. Même si les dragons de mer sont dépourvus de dents et qu'ils ne nagent pas très bien, ils sont difficiles à attraper parce qu'il n'est pas facile de les apercevoir!

un requin inoffensif

Ce requin-chabot ocellé paraît bien à son aise au fond de l'océan. En effet, il appartient à une espèce de poissons benthophages – c'est-à-dire qu'il se nourrit de ce qu'il trouve au fond de l'eau. Il utilise parfois ses nageoires pour « marcher » au fond d'un étang à marées à la recherche de proies. Les requins de ce type sont relativement petits. Ils mesurent seulement entre 38 et 64 cm de long. Ils sont aussi très paresseux et, par conséquent, plutôt inoffensifs.

L'étoile filante des mers

L'astérie, appelée aussi étoile de mer, possède des pouvoirs de régénération étonnants. La *Linckia*, par exemple, a la capacité de se « répliquer » (de repousser) à partir d'un seul bras. Lorsqu'un prédateur lui en arrache un, ce bras se transforme lentement en une étoile de mer entièrement nouvelle. À sa naissance, cette astérie a alors quatre petits bras attachés au bras de départ, ce qui lui donne l'air d'une étoile filante.

Qu'est-ce qu'on mange?

Cette pieuvre géante du nord de l'océan Pacifique peut peser jusqu'à 15 kg et l'envergure de ses bras atteint parfois plus de 4 m. Il s'agit d'un animal très intelligent, capable par exemple de dévisser le couvercle d'un pot pour avoir accès à de la nourriture. Toutefois, la plupart du temps, quand il s'agit de manger, la pieuvre ne se préoccupe pas beaucoup du contenant. Elle dévore allègrement des crevettes, des myes, des crabes, des pétoncles, des ormeaux, des poissons – comme cet aiguillat commun – et même d'autres pieuvres!

Je te tiens!

Les requins océaniques ne se déplacent pas rapidement. Toutefois, ils peuvent accélérer brusquement pour attraper une proie. Ils préfèrent généralement se tenir dans les eaux libres et profondes, mais on les retrouve parfois à proximité du rivage. Ces poissons, qui mesurent entre 3 et 4 m de longueur, sont très agressifs. Ils ont attaqué davantage d'êtres humains que toutes les autres espèces de requins mises ensemble. Méfie-toi du requin océanique!

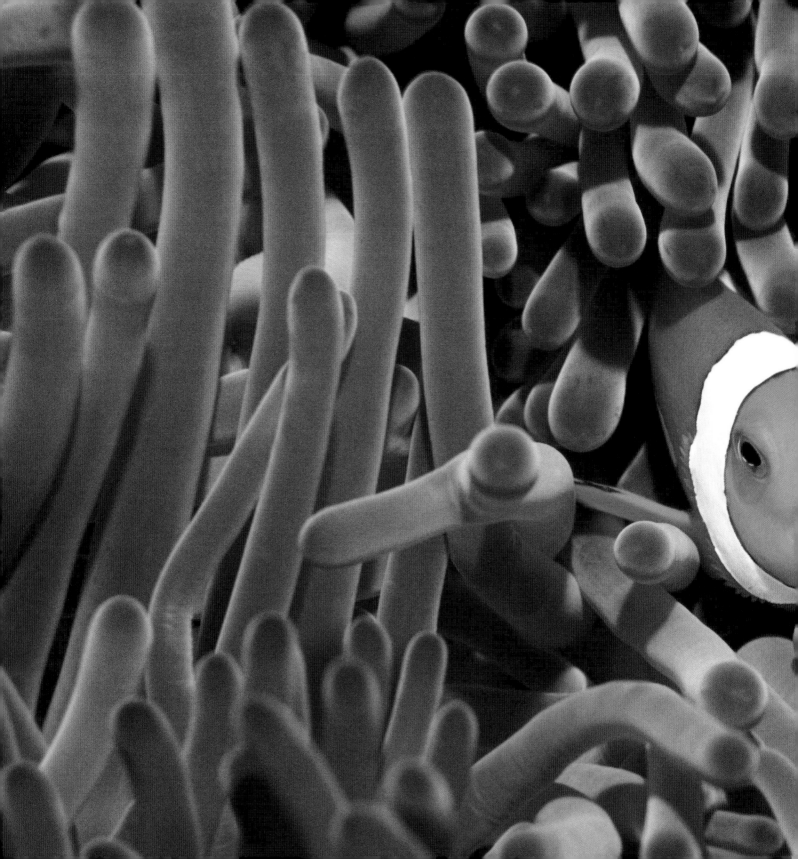

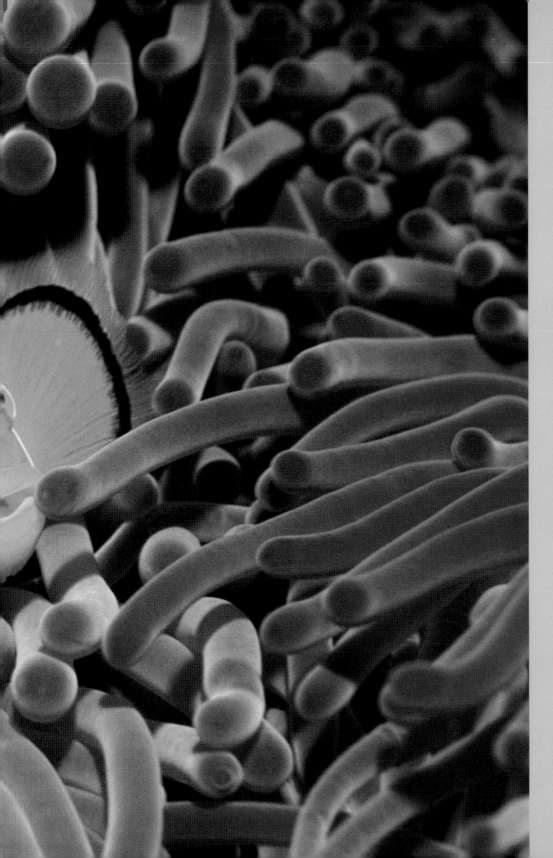

Pas de clowneries!

On reconnaît le poisson-clown à trois bandes à sa couleur orangée et aux trois bandes blanches qui ceinturent son corps. Il vit en relation très étroite avec son habitat naturel, l'anémone. L'anémone lui fournit un abri et, en retour, il la protège des attaques des tortues et des poissons. Ce qui est bizarre, c'est que ce poisson nage généralement très mal et que l'anémone pique habituellement tout ce qui s'approche d'elle. Séparés, ils ne sont pas très efficaces, mais ensemble, ils forment une équipe du tonnerre!

Qui a peur de la murène?

Longue de près de 1,80 m, la murène est capable de manger une pieuvre entière en une bouchée! Toutefois, ses mauvaises manières à table ne la préoccupent pas! Sa peau, totalement dépourvue d'écailles, est entièrement recouverte d'un mucus jaune et visqueux. Ce mucus, lorsqu'on l'aperçoit sur sa peau d'un brun grisâtre, semble émettre une lueur verte sinistre. S'agit-il d'un camouflage ingénieux ou d'un costume d'Halloween effrayant?

Le rorqual à bosse, un taxi aquatique pour petites balanes

Le rorqual à bosse pèse près de 40 tonnes (40 000 kg) et atteint une longueur de 12 à 15 m. Il peut transporter avec lui un grand nombre de balanes. Ces petits animaux vivent dans des coquilles très dures qui, peu à peu, s'incrustent dans sa peau. Comme les balanes communes préfèrent les randonnées tranquilles aux déplacements rapides, elles choisissent généralement de s'établir sur un rorqual à bosse plutôt que sur un dauphin. On a déjà observé un rorqual qui avait plus de 400 kg de ces balanes accrochées à lui ! C'est tout un fardeau !

Salut, c'est moi!

La caractéristique la plus évidente du dauphin à gros nez est justement son museau allongé. En fait, il s'agit plutôt d'une bouche. Ce dauphin est doté d'un évent situé sur le dessus de la tête par lequel il aspire et rejette l'air. Il doit remonter à la surface deux ou trois fois à la minute pour respirer. Dans ces conditions, on devrait peut-être l'appeler le dauphin à grande bouche !

Joliment dangereuse!

Essentiellement verte avec des taches orangées, comme celles des léopards, la squille multicolore est assez séduisante pour être comparée à un paon. Même si sa taille dépasse rarement 15 cm, cette crevette peut générer une force plusieurs milliers de fois supérieure à son poids. Ainsi, lorsqu'elle chasse, elle est capable de briser ses proies en morceaux avec la partie inférieure de son « bras ». Elle frappe avec une telle force et une telle rapidité que de l'eau se vaporise à la suite de ce mouvement !

M'accordez-vous cette danse?

L'hippocampe à queue tigrée nage mal, mais il danse remarquablement bien! Même si théoriquement il s'agit d'un poisson, il n'a pas d'écailles et au lieu de circuler la tête en avant, il avance en position verticale. Lorsqu'ils se font la cour, les hippocampes se déplacent côte à côte, se tiennent par la queue – ou agrippent ensemble le même brin d'algue – et virevoltent dans une sorte de danse appelée «parade nuptiale».

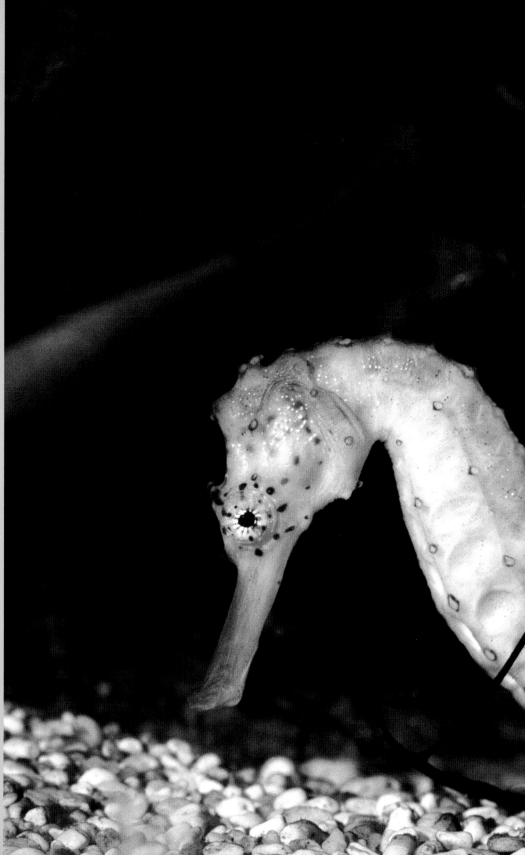

Ne parle pas la bouche pleine!

Les apogons à rayures jaunes sont de minuscules poissons qui habitent dans les lagunes et les récifs. Ils mesurent seulement de 5 à 8 cm de longueur et vivent en bancs sous les saillies, dans des cavités et même entre les épines des oursins! Le père, protecteur de nature, conserve les œufs dans sa bouche jusqu'à ce qu'ils soient prêts à éclore. Heureusement qu'il ne parle pas!

Le nautile à cavités, un fossile vivant

Le nautile à cavités peut se retirer entièrement dans sa coquille et en refermer l'ouverture avec un rabat formé de deux tentacules repliés. Pour se mouvoir, il aspire puis expulse l'eau de sa coquille. Ce mouvement de pompe lui permet de se déplacer vers le haut ou vers le bas. Le nautile peut vivre jusqu'à vingt ans – ce qui est très long pour un mollusque ! Cette espèce marine a relativement peu changé au cours des derniers millions d'années.

Un petit goûter avant de se coucher?

L'alcyonaire arborescent a l'apparence d'un arbre, mais c'est une colonie composée d'animaux mous et translucides. Les récifs coralliens sont formés de millions de ces organismes – appelés « polypes » – qui s'apparentent aux anémones de mer et aux méduses. Un récif se forme lorsqu'un polype se fixe à un rocher au fond de la mer puis se subdivise en milliers de clones. Ces clones constituent une colonie qui agit comme un seul organisme. La nuit, les polypes s'ouvrent pour se saisir de substances nutritives et, parfois même, de minuscules poissons. Une collation nocturne, quoi!

Des tortues empilées

La caouane est une tortue de mer qui peut vivre jusqu'à 50 ans. À l'âge adulte, elle mesure en moyenne 91 cm de long et peut peser près de 135 kg. Pendant les mois d'hiver, elle émigre vers les eaux tropicales où les mâles attendent les femelles au large de plages propices à la nidification. Autrefois chassée pour sa chair, ses œufs et sa carapace, la caouane est aujourd'hui une espèce protégée partout sur la planète.

Que regardes-tu comme ça?

Le poisson-chauve-souris vit dans les fonds plats et sablonneux, dans les prairies de graminées marines ou dans la boue. C'est certainement un des poissons de mer à l'apparence la plus étrange. Sa peau, plutôt que d'être couverte d'écailles, est rêche et verruqueuse. Ses nageoires avant sont placées sur des pédoncules semblables à des bras qu'il utilise pour « marcher » dans le fond de l'océan. Lorsqu'un être humain l'approche, le poisson-chauve-souris s'immobilise complètement, espérant ainsi passer inaperçu!

Un perroquet qui sait nager !

Le poisson-perroquet a des dents disposées le long de ses mâchoires de façon à former une structure rigide en forme de bec. Comme l'oiseau du même nom, il utilise son « bec » pour se procurer à manger. Il se nourrit essentiellement d'algues et de polypes qui croissent sur les récifs coralliens. Pour éviter d'être mangé à son tour, il sécrète un épais mucus destiné à masquer son odeur à d'éventuels prédateurs tels que la murène.

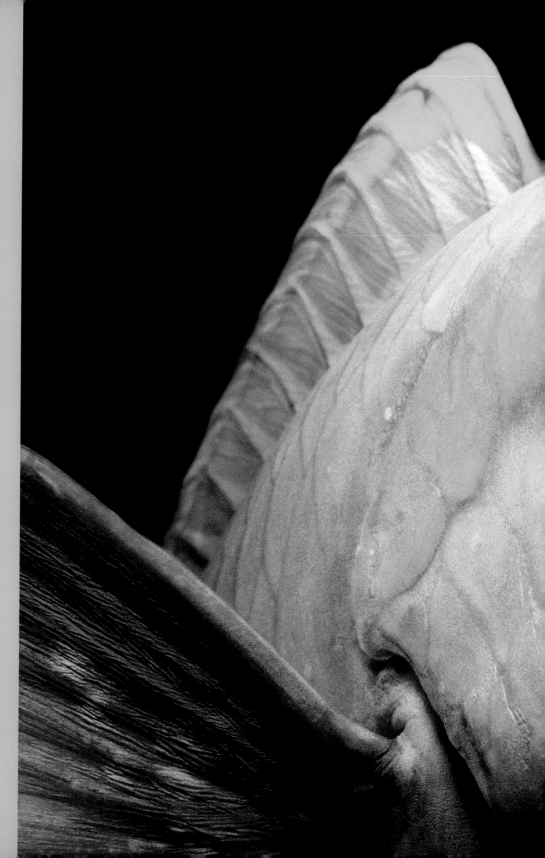

Le mâle de la seiche pharaon veille sur sa compagne!

La seiche ne marche peut-être pas à la façon d'un Égyptien, mais elle peut nager par propulsion à réaction. En aspirant de l'eau dans la cavité de son corps et en l'expulsant rapidement, elle réussit à se déplacer à grande vitesse. Très agressif dans son rôle de protecteur, le mâle monte la garde devant l'entrée du nid de sa femelle jusqu'à ce qu'elle ait pondu ses œufs. Il lève les bras en position défensive pour éloigner ses rivaux.

Le requin-marteau a le nez fin!

Le requin-marteau halicorne fait penser à un gigantesque nez flottant. Il tourne la tête d'un côté à l'autre pour « sentir » l'eau en se déplaçant. La forme étrange de sa tête augmente probablement sa capacité de voir et de sentir. En effet, la distance entre ses yeux et entre ses narines est plus grande que chez toute autre espèce de requins. Le requin-marteau halicorne peut donc déceler dans l'eau la présence de produits chimiques, l'odeur d'une proie blessée et même de faibles champs électriques.

une anémone rose s'attaque à une méduse!

L'anémone à taches blanches est une cousine de la méduse. Elle demeure toute sa vie au même endroit, fixée à du roc par de fortes ventouses. Elle dévore à peu près tout animal qui s'approche suffisamment d'elle pour se faire prendre. De son côté, la méduse translucide mesure 61 cm de diamètre en moyenne et son centre a la couleur d'un jaune d'œuf. Elle possède des dizaines de tentacules dont certains s'étendent jusqu'à 6 m derrière elle. Même si leur rencontre devrait donner lieu à un combat acharné, cette grosse méduse, qui dérive sans effort, est une proie facile pour l'anémone.

chez soi, au milieu des coraux

L'apogon de Banggai est un poisson qui défend vigoureusement son territoire. Il possède un remarquable instinct de retour. Par exemple, il revient rapidement à sa famille ou à son banc lorsque des prédateurs le menacent. Malheureusement, il n'est pas toujours assez rapide ! Ce poisson est très recherché pour les viviers et les aquariums. Il pourrait donc se retrouver bientôt sur la liste des espèces menacées d'extinction parce qu'on en attrape en trop grand nombre.

Ouvrez grand!

Le phoque-léopard, ou léopard de mer, est curieux, intrépide et puissant. Sa mâchoire inférieure, extraordinairement distendue, lui permet d'ouvrir la bouche à plus de 160 degrés. Il peut ainsi avaler des proies très grosses, y compris le manchot empereur et le manchot royal. Sa vision et son odorat sont très développés et il peut peser jusqu'à 450 kg. Ces caractéristiques font de lui un dangereux prédateur et un chasseur de poids!

cric! crac! croc! Et un oursin en moins!

Le loup de mer à ocelles (ou poisson-loup) a une grosse tête carrée et des mâchoires puissantes. Il en a besoin pour se procurer ses aliments préférés : les oursins, les myes et les moules. Ses canines lui donnent l'air d'un loup. Malgré son aspect terrifiant et sa taille – il peut atteindre plus de 2 m de long –, le loup de mer à ocelles ne s'attaque pas aux êtres humains.

Le strombe géant jette un œil hors de sa coquille

On estime que les strombes géants ont une longévité de près de 40 ans ! Au stade adulte, leur coquille peut atteindre une longueur de 30,5 cm et peser près de 2,27 kg. Recherché pour sa chair savoureuse et sa superbe coquille de couleur rose, le strombe géant est victime de surpêche, ce qui inquiète sérieusement les écologistes.

Le lamantin des caraïbes, plus enjoué qu'il n'en a l'air!

Le lamantin, aussi appelé vache marine, pèse parfois jusqu'à 1 360 kg et, pourtant, il est étonnamment agile dans l'eau. Il peut exécuter des culbutes, tourner sur lui-même ou nager la tête en bas! Il peut aussi passer sans problème d'un habitat en eau douce à un autre en eau salée. Chaque jour, il consomme l'équivalent de 5 à 10 % du poids de son corps en nourriture! Imagine un repas de 90 kg!

Est-ce un crabe géant? Non, c'est une pieuvre mimétique!

La pieuvre mimétique peut mesurer jusqu'à 60 cm de long. Elle parvient à se rendre semblable par l'apparence et les mouvements à plus d'une quinzaine d'espèces différentes, entre autres, la pastenague, les coquillages, la rascasse, les serpents marins (tels que le cobra de mer), la squille et les anémones. Cette petite pieuvre choisit l'animal qu'elle imitera en fonction des prédateurs qui se trouvent à proximité. Elle peut même imiter la méduse en nageant jusqu'à la surface de l'eau et en déployant ses bras. Elle se laisse ensuite lentement retomber jusqu'à son habitat naturel, sur le fond sablonneux de l'océan. C'est tout un spectacle!

Le repas est servi à la surface!

Dans la mer des Caraïbes, le requin des récifs est l'un des plus gros prédateurs au sommet de sa chaîne alimentaire. Ses sens de l'odorat, de l'ouïe, de la vue et du toucher très développés lui permettent de dénicher des crabes, des poissons vivant dans les récifs coralliens et des raies de grande taille. Il saisit rapidement sa proie du côté de la bouche en fermant les mâchoires d'un coup sec. Personne n'oserait dire au requin des récifs de ne pas avaler son dîner tout rond!

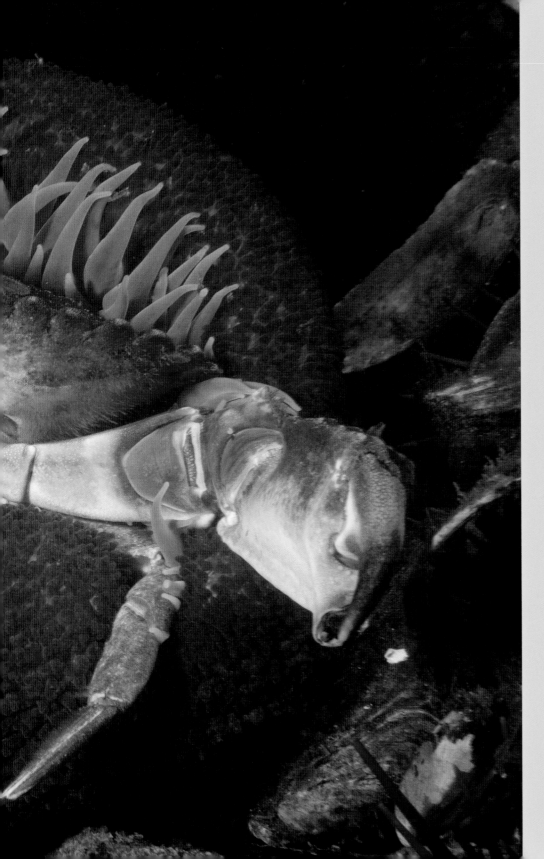

un crabe rouge pris au piège d'une anémone géante

La nourriture des crabes rouges consiste essentiellement en balanes, en concombres de mer (holothuries) et en poissons morts. Par contre, ils constituent eux-mêmes une gâterie savoureuse pour les anémones vertes géantes. Cette anémone et ses tentacules sont d'un vert foncé en raison des algues qui y habitent. À l'intérieur de leur hôte, les algues sont protégées des brouteurs éventuels et l'anémone, de son côté, se procure un surplus d'éléments nutritifs grâce aux animaux qu'elles attirent. Dans ce bassin rocheux de marée, il faut manger ou être mangé !

Le mérou marbré brun, une patate spongieuse

Le mérou marbré se caractérise par de grandes taches brun foncé en forme de pommes de terre disposées le long de son corps.

Ce poisson, qui peut mesurer jusqu'à 1,80 m, consacre beaucoup d'énergie à défendre son territoire et se conduit de façon très agressive envers les intrus. Il attrape ses proies en s'embusquant derrière un corail d'où il sort ensuite brusquement pour les saisir. Sa bouche est si grande qu'il ne fait qu'une seule bouchée de sa prise – qu'il s'agisse d'une pieuvre ou d'un homard !

coloré, le manteau du bénitier géant!

Le bénitier géant, appelé tridacne géant, avait autrefois la réputation d'être un mollusque mangeur d'hommes. Aujourd'hui, on ne le considère plus comme étant dangereux. Même s'il peut atteindre un poids supérieur à 180 kg et mesurer près de 1,20 m de largeur, il ne se nourrit que de plancton et des protéines produites par les milliards d'algues qu'il contient. Son manteau multicolore est formé de la substance molle qui recouvre l'intérieur de sa coquille. On peut l'observer lorsque le tridacne géant, énorme mais inoffensif, s'occupe à séparer le plancton de l'eau qui l'entoure.

un masque d'Halloween sur le fond marin

On a rarement l'occasion de voir un uranoscope parce que, la plupart du temps, il est enfoui dans le sable ou la boue. Il reste alors immobile et regarde directement au-dessus de lui, d'où son nom d'*uranoscope* (qui regarde le ciel). Malgré ses allures contemplatives, ce poisson est venimeux. Il a deux épines empoisonnées au-dessus de ses nageoires avant. Pour attraper ses proies, une de ses ruses favorites consiste à agiter un leurre qui ressemble à un vers appétissant. En réalité, il s'agit d'un appendice vermiforme fixée à sa mandibule. Il attire ainsi l'attention de petits poissons et attend qu'ils s'approchent pour les happer.

Un nudibranche flamboyant se pavane!

On appelle «nudibranches» tous les mollusques marins qui n'ont ni coquille ni branchie. Ils arborent diverses couleurs vives et brillantes qui avertissent les prédateurs de se tenir à distance. Si ces couleurs ne suffisent pas à effrayer leurs ennemis, les nudibranches sécrètent un mucus toxique, à la fois aigre et répugnant, pour tous ceux qui auraient le malheur d'y goûter. Il n'existe pas beaucoup d'animaux assez écervelés pour croquer un nudibranche!

Allez, on surfe!

Le manchot papou mesure environ 70 cm de haut. Il a une queue relativement longue qui pourrait servir à stabiliser ses mouvements lorsqu'il fait des mouvements de surf sur l'eau. C'est un excellent nageur et il peut retenir son souffle pendant des plongées qui durent jusqu'à sept minutes. Toutefois, c'est la vitesse qui constitue son point fort. En effet, à la nage sous l'eau, il est le plus rapide de tous les manchots car il peut atteindre 35 km/h !

Prises au piège dans une caverne de glace

Ces étoiles de mer habitent dans les eaux glaciales de l'Antarctique. Il s'agit du type d'étoiles de mer le plus abondant dans cette région. Bien que la plupart de ces invertébrés soient de couleur rouge, on en trouve aussi de couleur rose pâle, pourpre ou orange. Leur régime alimentaire, aussi surprenant que varié, se compose de poissons morts, d'éponges de mer, d'excréments de phoques et même d'autres étoiles de mer !

cette groseille de mer luit dans l'obscurité

Les groseilles de mer sont aussi connues sous le nom de « cténophores ». Elles sont petites – de 7,50 à 12,70 cm de long –, verruqueuses et leur corps est transparent. Les « peignes » disposés sur toute la longueur de cet animal marin émettent une lueur bleu-vert lorsqu'on le dérange. Même si ces cténophores sont apparentés à la méduse, leur contact ne provoque pas de démangeaisons.

Énorme, le saut du rorqual!

Les rorquals à bosse vivent en groupes et migrent selon les saisons. L'hiver, ils se tiennent dans les tropiques et, l'été, ils retournent vers les régions nordiques où se trouvent leurs zones d'alimentation. Même si leur poids peut atteindre presque 40 tonnes (plus de 40 000 kg), les rorquals à bosse sont des nageurs agiles et même acrobatiques! Ils sautent hors de l'eau et y retombent en produisant d'immenses éclaboussures. Lorsqu'ils se nourrissent, ils fendent l'eau à grande vitesse, la bouche ouverte de façon à y engloutir le plus grand nombre de poissons possible.

Le ver à éventail aurait-il peur du noir?

Lorsque la marée descend, les vers à éventail du nord ressemblent à une poignée de crayons posés à la verticale. Leurs plumes rouges et vertes s'ouvrent pour absorber de la nourriture et de l'oxygène seulement lorsque la mer les recouvre entièrement. Elles ont des tentacules si sensibles à la lumière que lorsqu'une ombre recouvre le ver, ces plumes rentrent immédiatement dans leur tube.

81

un redoutable nageur!

À l'âge adulte, l'ours blanc mâle pèse entre 300 et 800 kg, mais cela ne l'empêche pas de se jeter à l'eau! En fait, c'est un excellent nageur. Il peut parcourir de grandes distances sous l'eau à la recherche de nourriture. Ses pattes sont d'une largeur suffisante pour lui servir d'avirons. La fourrure épaisse qui les recouvre les protège du froid et permet à l'ours de ne pas glisser en marchant dans la neige et sur la glace. L'ours blanc est bien équipé pour l'hiver!

Le parfait camouflage: un crabe arlequin sur un concombre de mer

Pour se dissimuler, le crabe orbiculaire peut transformer ses taches blanches sur fond brun en taches brunes sur fond blanc, selon la couleur du concombre de mer qui lui sert d'hôte. Les crabes de ce type s'entendent bien avec les concombres de mer, nommés ainsi en raison de leur forme allongée. Ces bonnes relations leur permettent de se cacher de leurs prédateurs et de chercher leur nourriture sans attirer l'attention grâce à un camouflage presque parfait.

Même morte, la méduse rouge de l'Arctique est mortelle!

Parmi les espèces de méduses connues, la méduse rouge de l'Arctique est la plus grande. Son diamètre peut atteindre 2,45 m et ses tentacules s'étendent parfois sur une distance de 30 m et plus. Elle se nourrit de zooplancton, de petits poissons ou d'autres méduses qu'elle attrape en les enveloppant dans un «filet» de tentacules gluants. Après avoir capturé ses proies, elle les étourdit à l'aide de cellules urticantes qui finissent par les tuer. Lorsque la méduse rouge de l'Arctique meurt, ses restes, ou même un tentacule qui s'en détache, conservent leur propriété urticante!

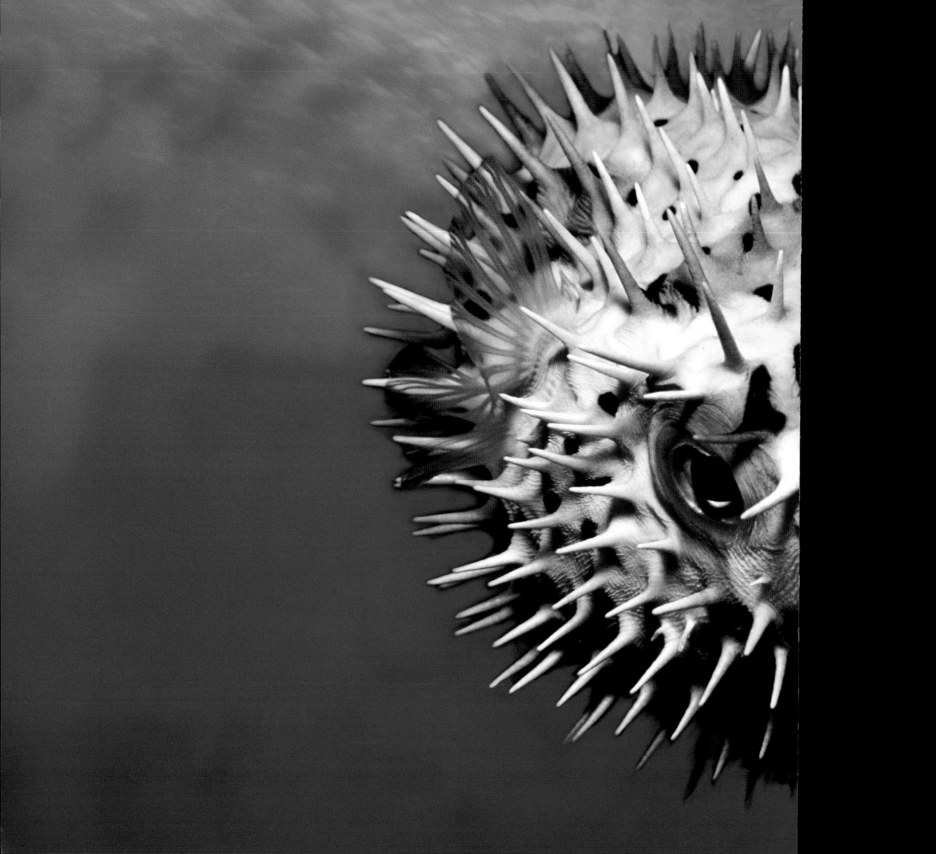

Attention au poisson-globe!

Le poisson-globe vit à proximité des rivages, à des endroits où la mer est peu profonde. Il a une peau rugueuse et nage de façon maladroite. Toutefois, il dispose de remarquables mécanismes de défense. Par exemple, il ingère de grandes quantités d'eau et se transforme en boule épineuse. En outre, ses organes internes contiennent une substance vénéneuse mortelle. Même si ce poison semble n'avoir aucun effet sur certains prédateurs, comme le requin-tigre commun, il est dangereux pour les humains. Un poisson-gobe contient suffisamment de substance toxique pour tuer 30 personnes adultes!

La chauliode de Sloane: un des plus redoutables prédateurs!

Les crocs acérés de la chauliode sont trop gros pour tenir dans sa bouche. Ils se recourbent plutôt vers l'arrière en direction de ses yeux. Sa mâchoire inférieure est plus longue que sa mâchoire supérieure et porte une série de dents pointues assez éloignées les unes des autres. La chauliode utilise ses dents meurtrières pour empaler ses victimes en nageant à grande vitesse dans leur direction. Ces mysides, qui ressemblent à des crevettes, n'ont aucune chance de lui échapper.

Le corail feuille: impropre à la consommation!

Connu aussi sous le nom de turbinaire jaune, le corail feuille a un squelette dur recouvert d'une mince couche de peau veloutée. Sa couleur de base est généralement le jaune ou un jaune verdâtre en raison de l'activité de photosynthèse des algues qui vivent sur sa structure. En fait, le type de corail feuille appelé Turbinaria représenté ici est carnivore (il mange de la chair animale). Il se nourrit de morceaux de crevettes, de mysides et de zooplancton.

Index

Toutes les photos © Getty Images

Nous remercions tout particulièrement:

John Candell, Christopher Hardin, Cheryl Weisman, Jacleen Boland et Paula Manzanero.

© Incredible Ocean, Play Bac Publishing, USA - October 2009

playBac
ÉDITIONS

Imprimé au Canada

ISBN 978-2-89642-810-6

Dépôt légal – Bibliothèque et Archives nationales du Québec, 2013
© 2013 Éditions Caractère inc.

Conception de la couverture : Bruno Paradis
Traduction : Jeanne Charbonneau

Les Éditions Caractère remercient le gouvernement du Québec – Programme de crédit d'impôt pour l'édition de livres – Gestion SODEC.
Les Éditions Caractère reconnaissent l'aide financière du gouvernement du Canada par l'entremise du Fonds du livre du Canada pour nos activités d'édition.

Visitez le site web des Éditions Caractère
editionscaractere.com